두려움 없는 복음 전도

Have No Fear

HAVE NO FEAR
by John C. Lennox

Originally published in English as *Have No Fear*
Copyright ⓒ 2018 by John C. Lennox

Published by arrangement with 10 Publishing, Unit C. Tomlinson Road,
Leyland, PR 25 2DY, England
a division of 10ofthose.com through rMaeng2, Seoul, Republic of Korea.
All rights reserved.

This Korean translation edition Copyright ⓒ 2020 by Word of Life Press,
Seoul, Republic of Korea.

이 한국어판의 저작권은 알맹2 에이전시를 통하여 10 Publishing과
독점 계약한 생명의말씀사에 있습니다.
신저작권법에 의하여 한국 내에서 보호받는 저작물이므로
무단 전재와 무단 복제를 금합니다.

두려움 없는 복음 전도

ⓒ **생명의말씀사** 2020

2020년 6월 22일 1판 1쇄 발행
2023년 6월 8일 3쇄 발행

펴낸이 | 김창영
펴낸곳 | 생명의말씀사

등록 | 1962. 1. 10. No.300-1962-1
주소 | 서울시 종로구 경희궁1길 6 (03176)
전화 | 02)738-6555(본사)·02)3159-7979(영업)
팩스 | 02)739-3824(본사)·080-022-8585(영업)

기획편집 | 임선희
디자인 | 조현진
인쇄 | 예원프린팅
제본 | 다온바인텍

ISBN 978-89-04-10128-3 (03230)

저작권자의 허락 없이 이 책의 일부 또는 전체를
무단 복제, 전재, 발췌하면 저삭권법에 의해 처벌을 받습니다.

두려움 없는 복음 전도

Have No Fear

존 레녹스 지음
구지원 옮김

생명의말씀사

헌사

오랜 세월 함께 나눈

우정과 동역에 감사하며

리처드 보고넌과 제인 보고넌에게

이 책을 드립니다.

목차

시작하는 글 "우리는 보고 들은 것을 말하지 아니할 수 없다" 8

1. 어떻게 시작할까? 15

복음전도의 열쇠는 일대일 대화다 / 질문은 대화를 시작하는 훌륭한 방법이다

2. 대답할 것을 준비하라 31

바울과 베드로의 변증 / 난감한 질문을 받게 될 때

3. 예수님에 대해 이야기하라 39

주의할 점 두 가지 / 토론의 장을 마련하라

4. 성경을 적극적으로 활용하라 49

성경 읽기 프로그램 활용하기 / 사람들이 복음을 이해하는 방식

5. 신앙과 삶을 일치시키라 61

온유 / 존중 / 선한 양심을 가지라 / 선을 행함으로 고난을 받으라

6. 종교와 기독교의 차이를 이해하라 71

기독교는 다른 종교와 무엇이 다른가? / 우리는 복음의 씨앗을 뿌린다

7. 구원에 대해 설명하라 87

회개 / 믿음 / 너무 바빠서 전도할 수 없다면 / 그리스도인으로 성장하도록 격려하기

시작하는 글

"우리는 보고 들은 것을 말하지 아니할 수 없다"

예수님은 제자들이 "세상의 소금"이요 "세상의 빛"(마 5:13-14)이라고 말씀하셨다. 제자들은 부패를 막는 소금 같은 방부제가 됨으로써, 그리고 예수님을 따르는 다른 사람들의 길을 밝히 비춤으로써 자신이 몸담은 사회에 지대한 영향을 끼쳐야 했다. 따라서 그들의 삶은 수동적이 아니라 능동적이어야 했다. '어떻게 사느냐?'와 '무엇을 말하느냐?'로 세상에 예수님을 전하는 증인이 되어야 했다.

이 두 가지는 서로 밀접하게 연결되어 있었다. 제자들의 말은 그들의 삶에서도 본보기가 될 때에만 신뢰를 얻을 수 있었고, 사람들은 제자들이 그것을 말하고 설명할 때에만 그들의 삶과 동기를 이해할 수 있었다. 그와 같이 제자들은 신앙을 사적으로 지키는 것뿐 아니라 공적으로 살아내는 것으로 제자로서의 정체성을 부여받았다. 의도적으로, 그리고 의지적으로 시류를 거슬러 헤엄치며 그리스도인으로서의 진정성을 증명해야 했다.

그들에게 두려움이 없었던 것은 아니다. 실제로 베드로는 예수님의 재판이 진행 중일 때 한 소녀가 의문을 제기하자 예수님을 아는 것조차 부인해 버렸다. 너무도 무서웠던 나머지 자신은 예수님과 아무런 상관이 없다며 예수님을 저주하고 맹세하기까지 했다.

하지만 불과 몇 주 후에 적대적인 종교지도자들이 사도들을 검열하려 했을 때, 바로 그 베드로가 이렇게 말했다.

우리는 보고 들은 것을 말하지 아니할 수 없다(행 4:20).

사도들은 침묵하지 않았다. 그 후 베드로는 각처에 흩어진 사랑하는 그리스도인들에게, 그리고 우리에게 "너희 속에 있는 소망에 관한 이유를 묻는 자에게는 대답할 것을 항상 준비"하라고 편지했다(벧전 3:15).

그러나 많은 그리스도인이 자신이 항상 준비되어 있다고 느끼지 못한다. 솔직히 말해서 우리 중에는 자신이 전혀 준비되지 못했다고 느끼는 사람도 있다.

우리는 사람들이 어떻게 반응할지에 겁을 먹는다. 그리스도인들의 공적인 복음전도를 침묵시키려는 세상의 압박은 사라지지 않았다. 그 압박은 매우 실제적이다. 세계 여러 곳에서 세속적이고 종교적인 반대가 상당히 높은 지경에 이른 게 사실이다. 종교는 사적인 문제이므로 사적인 방식으로 유지되어야 한다는 태도가 특히 지배적이다. 그 결과 많은 그리스도인이 침묵을 강요당하고 있다. 교회에는 나가지만 사람들의 압박과 두려움 때문에 복음전도를 멈춘 지 이미 오래되었다.

대학 시절 나는 매우 일찍 이런 압박을 경험했다. 공식적인 대학 만찬 자리에서 나는 노벨상 수상자 옆에 앉게 되었다. 노벨상 수상자를 만난 것이 처음이었기에, 대화에서 최대한 많은 것을 얻기 위해 그에게 계속 질문했다. 예를 들어 그의 과학은 어떻게 그의 세계관을 형성했는지, 우주의 위상과 의미에 관한 그의 큰 그림은 무엇인지 등을 물었다. 특히 나는 그의 폭넓은 연구가 과연 그를 하나님의 현존하심에 대한 성찰로 이끌어 주었는지에 관심이 있었다.

하지만 그는 내 질문을 불편하게 여겼다. 그래서 나는 즉시 뒤로 물러났다. 그럼에도 식사가 끝난 후에 그는 나를 연구실로 초대했다. 나 말고도 은퇴한 교수 두세 명을 더 초대했다. 학생은 나뿐이었다. 그는 나에게 앉으라고 했다. 그러나 (내 기억으로는) 다른 사람들은 끝까지 서 있었다. 그가 먼저 이야기를 시작했다.

"레녹스 군, 과학 분야에서 일하고 싶은가?"

"예, 교수님."

"그렇다면 오늘 밤 여기 있는 증인들 앞에서 신에 대한 자네의 그 유치한 신앙을 버려야 하네. 그러지 않으면 그것이 자네를 지적인 불구로 만들 거고, 자네는 동료들과 비교 당하며 고생할 걸세. 결국 자넨 이 분야에서 성공하지 못할 거야."[1]

당신도 압박을 경험한 적이 있는가? 그런 압박은 내 생에 처음이었다. 그런 상황에 직면할 때 대부분의 사람들은 어떻게 대처할까?

이에 대한 답을 얻기 위해 굳이 명석한 과학자를 데려와서 그런 종류의 압박과 위협을 만들어 낼 필요는 없다. 하나님을 믿는 우리의 신앙에 대해 빈정거리는 학교 교사의 말 한마디로도 우리는 사람들 앞에서 충분히 창피를 당할 수 있다. 우리가 믿는 신앙을 조롱하는 소셜미디어의 글들은 훨씬 더 사납다. 그런 글들로 인해 우리는 위험을 무릅쓰고 예수 그리스도를 공개적으로 지지하는 것을 망설이고, 수치스러워하며, 두려워한다.

대세를 역행하며 헤엄치는 것은 어려운 일이다.

그렇다면 과연 무엇이 우리를 도울 수 있을까?

---

[1] Lennox, J. C., *Can Science Explain Everything?* (Good Book Company, 2019).

이 얇은 책은 당신(다른 사람이 아닌 바로 당신이다!)이 참으로 예수님의 신실한 증인이 될 수 있다는 걸 증명하기 위한 책이다. 복음전도는 당신이 죄책감 때문에 마지못해 해야 하는 일이 아니다. 오히려 당신에게 크나큰 기쁨을 가져다주고, 그리스도인으로서의 삶과 경험을 놀랍도록 견고하게 세워 줄 것이다.

Have No Fear

1. 어떻게 시작할까?

앞에서 베드로가 베드로전서 3장 15절에서 모든 그리스도인은 항상 자기의 신앙을 설명할 준비가 되어 있어야 한다고 주장한 것을 살펴보았다. 복음전도에 관해 자세히 다루기 전에, 이 구절의 앞뒤 문맥을 신중히 검토해 보는 것이 유익하다.

또 너희가 열심으로 선을 행하면 누가 너희를 해하리요? 그러나 의를 위하여 고난을 받으면 복 있는 자니 그들이 두려워하는 것을 두려워하지 말며 근심하지 말고 너희 마음에 그리스도를 주로 삼아 거룩하게 하고 너희 속에 있는 소망에 관한 이유를 묻는 자에게는 대답할 것을 항상 준비하되 온유와 두려움으로 하고 선한 양심을 가지라. 이는 그리스도 안에 있는 너희의 선행을 욕하는 자들로 그 비방하는 일에 부끄러움을 당하게 하려 함이라. 선을 행함으로 고난받는 것이 하나님의 뜻일진대 악을 행함으로 고난받는 것보다 나으니라(벧전 3:13-17).

베드로가 언급한 **두려움**은 복음전도의 출발 지점으로 좋다. 많은 사람이 처음에는 복음전도를 상당히 두려워하기 때문이다.

개인적으로 베드로는 그리스도인으로서의 두려움을 알고 있었고, 이에 대해서도 앞에서 살펴보았다. 베드로는 겁을 먹고 불안해하는 사람들(거기에는 합당한 이유가 있다)에게 편지를 쓰고 있다. 그럼에도 그들에게 머리를 숙이라고 말하지 않고 오히려 "너희 마음에 그리스도를 주로 삼아 거룩하게 하고 너희 속에 있는 소망에 관한 이유를 묻는 자에게는 대답할 것을 항상 준비"하라고 요청한다(15절).

두려움의 해독제는 예상 질문들에 대한 정답 창고에 있지 않다. 주님에 대한 우리의 태도에 있다. 우리는 그분을 주님으로 높여야 한다. 뿐만 아니라 그분이 '거룩하시다'는 사실을 기억해야 한다. '거룩하다'는 말은 '구별된다'는 뜻이다. 베드로는 우리가 의도적으로 예수님의 주 되심(온 땅의 주님이실 뿐 아니라 우리 삶의 주님이시다)에 초점을 맞춤으로써 복음전도에 참여할 준비를 하라고 설명하고 있다. 그렇게 하면 잘못된 두려움(사람에 대한 두려움)이 올바른 두려움(주님에 대한 두려움)에 쫓겨 사라지기 때문이다.

우리는 말과 행동으로 예수님의 대사(大使)가 되어야 한다. 그러나 우리는 혼자가 아니다. 예수님은 제자들에게 (그리고 우리에게) **복음전도**라는 중요한 짐을 질 수 있도록 성령님을 보내겠다고 약속하셨다.

> 내가 아버지께로부터 너희에게 보낼 보혜사 곧 아버지께로부터 나오시는 진리의 성령이 오실 때에 그가 나를 증언하실 것이요 너희도 처음부터 나와 함께 있었으므로 증언하느니라(요 15:26-27).

예수님이 책임자이시며, 예수님이 우리에게 복음전도의

용기를 불어넣어 주신다. 우리는 그 점을 분명히 알아야 한다. 그러면 예수님에 관한 대화를 기대하게 된다. 예수님께서 우리가 복음을 전해야 하는 사람들에 대해 우리보다 더 많은 관심을 갖고 계시기 때문이다.

또한 예수님은 그분의 영으로 우리와 함께하신다. 우리의 대화를 인도하시고 모든 두려움과 불확실한 상황 속에서 우리를 도우신다.

복음전도의 열쇠는 일대일 대화다

이 구절 바로 다음에 베드로가 설교(우리 대부분에게 없는 능력이다)를 언급하지 않는 것에 주목하라. 베드로는 누군가가 우리에게 그리스도인의 소망에 관해 묻는 상황을 예상한다. 그 말은 곧 그가 일대일 대화를 언급하고 있다는 것이다. 일대일 대화는 한편으로는 공적이면서, 또한 둘만의 것이기도 하다. 이러한 사실만으로도 당신은 어느 정도 편안함을 느낄 것이다!

그리스도인의 복음전도의 열쇠는 일대일 대화다. 주목할

것은 그 대화를 시작하는 것이 **우리가 아니라는 점**이다.

우리는 "너희 속에 있는 소망에 관한 이유를 묻는 자"(벧전 3:15)에게 대답한다. 대화를 시작하는 것이 우리가 아니라는 사실이 도움이 되는 이유는 많은 사람이 이 첫 번째 장애물에 걸려서 넘어지기 때문이다. 우리는 예수님에 관하여 어떻게 대화를 시작해야 할지 잘 모른다. 그래서 아예 하지 않는다.

어쩌면 당신은 누군가가 왜 굳이 당신에게 그리스도인의 소망에 관해 묻게 될 것인지 의아해할 수 있다. 오래전 나도 스스로에게 똑같은 질문을 한 적이 있다.

나는 나 자신이 기독교 신앙에 관한 몇 가지 질문에는 대답할 준비가 되었다고 생각했지만, 아무도 나에게 묻지 않았기에 베드로의 말이 무용지물인 것 같았다. 그러한 생각을 나보다 나이가 어린 후배와 이야기하던 중 그에게 다음과 같은 질문을 받았다.

"그들의 소망에 관해 그들에게 물어봐야겠다고 생각해 보신 적 있어요?"

"아니." 내가 대답했다.

"왜 안 물어보셨어요?"

"글쎄, 그 사람들에게는 소망이 없는 게 분명하잖아. 그러니까 물을 필요가 없는 거지!"

"정말요? 그들에게 한번 물어보세요."

얼마 지나지 않아 나는 런던행 기차를 타게 되었고, 내 옆자리에 앉은 중년의 남자가 과학 분야의 글을 읽고 있는 것을 보게 되었다. 내가 먼저 그에게 말을 걸었다.

"안녕하세요. 과학자이신가요?"

"그렇습니다. 금속공학자예요. 당신은요?"

"저는 수학을 공부하고 있어요."

그러고는 대화가 끊겼다. 그는 독서를 이어 갔다. 나는 기드온 신약성경을 꺼내서 읽기 시작했다. 그러자 그는 내가 무엇을 읽는지 알아채고는(내가 바라던 바다!) 결국 말을 꺼냈다.

"죄송한데, 지금 읽고 계신 게 신약성경인가요?"

"예." 나는 짧게 대답한 뒤 읽기를 계속했다.

잠시 후 그는 한 번 더 말을 걸었다.

"방해하고 싶지는 않습니다만, 당신은 수학을 공부하고

있다고 하지 않았나요? 그런데 성경을 읽고 있다니, 그게 어떻게 가능하지요?"

그 순간 나는 후배에게 들었던 조언이 생각났다.

"제가 왜 성경을 읽고 있는지 그 이유를 알고 싶으세요? 당신에겐 소망이 있습니까?"

질문의 효과는 극적이었다. 그는 창백한 얼굴로 웅얼거리며 우리 모두가 '인생을 그럭저럭 헤쳐 나간다'는 식으로 말했다. 그래서 나는 다시 물었다.

"제 말이 그런 뜻이 아니라는 걸 잘 아시잖아요. 제 말은, 당신에게 개인적인 소망이 있냐고요."

"전혀 없어요. 당신은 있나요? 그게 뭐죠?"

드디어 왔다! 베드로가 말했던, 대화를 시작하게 해 줄 그 질문이었다.

이후에도 그 질문은 계속해서 다른 사람들과의 수많은 대화를 시작하게 해 주고 있다.

내가 그 남자와 나눈 대화는 '예수님을 어떻게 증거할 것인가?'에 관해 우리에게 두 단계를 가르쳐 준다.

첫째, 나는 그 남자에 대하여 무언가(그가 읽고 있던 과학 서적)

를 관찰했다. 둘째, 그것과 관련하여 질문("과학자이신가요?")을 던졌다.

질문은 대화를 시작하는 훌륭한 방법이다

고대 인물 중 나의 영웅인 그리스 철학자 소크라테스가 있다. 그는 질문을 하며 돌아다닌 것으로 유명했는데, 불행히도 그 사실이 그를 종종 곤란에 빠뜨렸다. 그가 아테네의 젊은이들의 지성을 타락시켰다는 이유로 고소를 당한 것이다. 법정은 그에게 '자살'이라는 사형선고를 내렸다. 용납할 수 없는 비극이었다. 그렇다고 해서 당신이 누군가에게 질문하는 것을 싫어하게 되지 않기를 바란다!

일찍이 나는 두 가지를 깨달았는데, 첫째는 질문은 받기보다 하기가 훨씬 쉽다는 것이고, 둘째는 질문은 사람들(친구든 낯선 사람이든)과 대화를 시작하게 하고 그들을 더 잘 알게 해 주는 훌륭한 방법이라는 것이다.

실제로 나는 사람들, 특히 전에 만나 본 적이 없는 사람들과 대화를 지속하는 가장 좋은 방법은 그들이 나에게 질문할 때까지 내가 계속해서 그들에게 질문을 던지는 것임을 깨달았다. 물론 어떤 사람들에게는 말을 너무 많이 해야 해서 스트레스가 되기도 하지만 말이다!

우리가 기독교 신앙에 대해 자연스럽게 말할 기회를 얻기 위해서는 어떤 종류의 질문을 던져야 할까?

먼저 평범한 질문에서 시작해야 한다. 그래야 우리가 그들을 알게 되고, 어떻게 그들과의 다리를 놓을지 깨달을 수 있다. 그러므로 가족, 관심 분야, 직업에 대해 물어보라. 그러나 결혼을 안 했거나, 자녀가 없거나, 혹은 직업이 없는 경우에는 조심하라. 그들의 가족 상황이나 직업이 그들을 규정한다는 잘못된 인상을 줄 위험이 있다. 순식간에 당신은 그가 즐기는 스포츠, 응원하는 축구팀, 요리, 산책 등의 공통된 취미나 관심 분야를 알게 될 것이다. 그러고 나면 대화는 점점 더 빠르게 흘러갈 것이다.

이와 같이 일반적인 질문 과정은 우리가 함께 나눌 첫 대화로 충분하다. 그 과정에서 그들이 우리의 신앙에 대해 물어볼 것에 대비하여 귀를 기울이고 있어야 하며, 그런 질문이 제기될 때 진지하게 받아야 한다.

뿐만 아니라 우리는 민감해야 한다. 예를 들어 어떤 사람은 사랑 많은 아버지를 두어서 그리스도인으로서 하나님을 아버지로 모시는 것의 의미를 잘 이해할 수 있지만 대화를 나누는 상대방은 아버지에게 학대를 당하여 하나님께서 아버지가 되시는 것의 의미를 전혀 이해하지 못할 수 있다. 따라서 우리 모두가 같은 배경을 갖고 있지 않다는 사실을 스스로에게 지속적으로 상기시켜야 한다.

누군가에게는 고무적인 일이 누군가의 기분을 상하게 할 수도 있다. 우리도, 우리의 경험도 아닌, 그리스도가 중심이 되어야 한다.

대화를 시작하는 또 다른 예를 들어 보겠다.

언젠가 비행기 탑승을 기다릴 때, 내 옆에 앉은 남자가 계속해서 울리는 핸드폰 벨소리에 스트레스를 받고 있었다. 나는 그의 통화 내용을 들을 수 있었는데, 하나같이 특정 의료 상황을 어떻게 처리하는지에 관한 짤막한 지시였다. 그는 매우 초조해 보였다. 그래서 전화를 받지 않는 틈을 타서 이렇게 질문했다. "당신의 일은 늘 그렇게 당신을 재촉하나요?"

대화할 상대가 나타나 다행이라는 듯 그가 대답했다. "그런 것 같아요. 저는 항상 전화를 받고 있는 것 같거든요. 당신의 삶도 그런가요?"

"별로 그렇지 않아요. 대화하게 되어서 반가워요. 저는 대학에서 학생들을 가르치고 있어요."

"그래요? 저에게 대학에 다니는 아들이 있는데, 전 그 아이가 정말 걱정돼요. 너무 외로워하는데, 그러면서도 다른 아이들과 어울리기 위해 별로 도움을 구하려 하지도 않아요. 그런 상황에서 학생들이 소망을 갖도록 도와주는 방법이 있는지 모르겠어요."

다시 왔다! '소망'이라는 단어 말이다. 나는 비행기가 곧 탑승을 시작한다는 것을 알고 단도직입적으로 대답했다.

"시간이 별로 없어서 그렇습니다만, 제가 매우 개인적인 이야기를 해도 될까요? 저는 다른 사람들에게 나눌 수 있는 소망, 그 소망을 주는 것은 하나님과의 살아있는 관계라는 것을 발견했답니다. 저의 소망은 제 인생을 삶의 모든 성공과 실패와 염려와 함께 예수 그리스도께 맡기는 것에서 옵니다. 듣기에 생소한 용어가 많겠지만, 신약성경을 읽어 보면 전부 다 발견할 수 있답니다. 제가 당신에게 신약 성경을 드릴 테니 아드님에게 전해 주시겠습니까? 아드님에게 대학교 안에 있는 기독교 단체에 연락해 보라고 권해 주세요. 거기서 도움을 줄 수 있는 좋은 친구들을 찾게 될 거예요."

"정말 고맙습니다. 휴가를 보내는 동안 저도 읽어 봐도 될까요?"

그에게서 이후의 소식을 듣지는 못했다. 낯선 이들과의 짧막한 만남에서 종종 이런 일이 발생한다. 나는 그 남자가 그리스도인의 소망을 발견하는 데 내가 연결고리가 될 수 있기를 바라며 그저 주님을 신뢰했을 뿐이다. 그 자초지종을 (적어도 이 땅에서는) 내가 결코 알 수 없을지라도 말이다.

복음을 전할 때 주님을 신뢰해야 한다는 것을 나는 학창 시절에 배웠다.

한 학생이 나에게 기독교 신앙에 관해 말해 달라고 요청했다. 하지만 나는 조금 긴장이 되어서 그의 허락을 받고 다른 그리스도인인 '스튜어트'를 초청했다(그가 바로 사람들에게 그들의 소망에 관해 물어보라고 말했던 후배다!) 나에게 질문한 학생이 돌아오기 전에 스튜어트는 이렇게 기도했다. "주님, 저희가 이 대화에서 더하지도 덜하지도 말고 주님께서 저희가 말하기 원하시는 그것을 말할 수 있도록 지혜와 도움을 주옵소서." 그때 이후로 나는 종종 이 기도문을 사용하고 있다.

나는 커피를 데웠고, 스튜어트는 고향 축구팀에 관한 이야기로 대화를 시작했다. 곧바로 열정적인 토론이 시작됐고 나는 축구의 세계에 내가 상상한 것 이상이 있다는 것을 알게 됐다!

이런 식으로 그를 편안하게 해 준 뒤, 스튜어트는 그가 나를 찾아오게 만든 문제("그리스도를 믿는 신앙에 관해 대화하고 싶다고 했지? 우리가 어떻게 도와주면 좋을까?")로 옮겨갔다. 그는 매우 솔직하게 궁금한 것들을 질문했고 스튜어트는 흔쾌히 그것에 대한 답을 주었다.

마지막으로 스튜어트는 그에게 지금 그리스도인이 되기를 원하는지 물었다.

"그게 가능해?" 그가 물었다.

"가능하지."

스튜어트는 이렇게 대답하고 그를 영접기도로 인도했다. 그렇게 하나님의 자비로, 그날 새로운 그리스도인이 태어났다.

Have No Fear

2. 대답할 것을 준비하라

    베드로전서 3장 15절에서 베드로가 말한 또 다른 측면은 "너희 속에 있는 소망에 관한 이유를 묻는 자에게는 대답(변증-역주)할 것을 항상 준비"해야 한다는 것이다. '변증'이라는 단어는 헬라어 '아폴로기아'(apologia)를 번역한 것이며, 이 단어에서 '변증학'(apologetics)이라는 단어가 유래했다. 이 둘의 연계는 두 가지 이유에서 불행이다. 첫째, 이 단어는 마치 우리가 기독교 신앙을 사과(apology)하는 것처럼 생각하게 한다. 사실은 전혀 그렇지 않은데 말이다. 둘째, 요즘은 변증학이 많은 사람에게 매우 지적인 활동으로 간주되어 그리스도인들 중 가장 똑똑한 사람들만이 관여할 수 있는 것으로 여겨진다. 그러한 생각은 위험한 오해를 야기한다.

물론 우리 대부분이 설명할 수 없는 어려운 이슈들을 지적으로 탁월한 그리스도인들이 설명해 주는 것은 매우 고마운 일이지만 말이다.

그러한 이유로 나는 가능하면 '변증'이라는 단어를 사용하지 않으려 한다. 그 대신 베드로전서 3장 15절이 실제로 의미하는 것, 곧 **설득력 있는 복음전도**라는 단어로 대체한다. 그것은 소수의 명석한 두뇌만이 아니라 모든 그리스도인이 부름받은 일이다. 그것이 바로 베드로가 우리에게 '변증하라'고 말한 의미다.

바울과 베드로의 변증

사도행전에서 우리는 그와 같은 바울의 **변증** 사례를 몇 가지 볼 수 있다. 각각의 경우마다 바울이 이야기하는 것은 복잡 미묘한 지적인 문제들에 대한 답이 아니라 예루살렘에서 다메섹으로 가는 길에 만난 주 예수님이다. 그는 그 만남이 어떻게 자기의 삶을 변화시켰고, 어떻게 자신을 새로운 목적과 소망으로 가득 채웠는지 말하고 있다. 즉 그는 주님에 대한 자신의 경험을 말하고 있다. 우리도 그와 똑같이 할 수 있다. 우리가 어떻게 예수님을 우리의 주님이자 구원자로 영접했는지, 그래서 우리의 소망이 어디에 있는지를 설명할 수 있다.

그리스도인의 소망의 핵심을 설명하고 나면, 베드로가 말한 것처럼 사람들이 그런 신앙의 이유가 무엇인지를 듣고 싶어 한다는 것을 알게 된다. 오해받고, 잘못 전달되고, 심지어 유쾌하지 못한 방식으로 미움을 받는 위험을 감수하지 않고는 오늘날처럼 다원주의적이고 다문화적이며 노골적으로 세속적인 사회에서 우리의 입을 열어 그리스도에 대한 경험을 말할 수 없다. 그것이 현실이기에 우리는 누구나 자기 신앙의 이유를 밝힘으로써 자신이 믿는 바를 적극적으로 변증해야 한다.

이 지점에서 조금 불편한 마음이 생기는 그리스도인들이 있다. 그들은 우리가 성령님께서 복음의 진리를 사람들에게 계시해 주실 것을 신뢰하지 않고 오히려 이성을 신뢰하는 것은 아닌지 의문을 제기한다. 그것은 계시와 이성이 서로 상반된다는 그릇된 인상을 준다. 사도 바울은 대단히 뛰

어난 천재였고, 사람들이 모이는 회당과 시장 등 어디에서나 자기가 만나는 모든 사람을 설득하며 다녔다(행 17:22-31 참조). 그럼에도 그가 지닌 탁월함의 비밀은 그가 이성을 사용했다는 점과 **더불어** 사람들을 신앙으로 인도함에 있어서 하나님의 일하심을 신뢰했다는 점이다. 어떤 사람들, 특히 교육을 잘 받은 특권을 누린 사람들의 위험성은 대부분 이성을 신뢰하다가 사면초가에 처할 때만 하나님의 일하시는 능력을 의지하는 것이다. 이것이야말로 우리가 두려워해야 할 사고다. 이성과 계시는 상반되지 않는다. 지금까지 나는 하나님의 계시, 곧 하나님의 말씀인 성경을 이성 없이 읽는 사람을 본 적이 없다.

난감한 질문을 받게 될 때

그러한 사실은 자연스럽게 나를 피할 수 없는 질문으로 데려간다. 바로 '사면초가에 처하면 어떻게 하는가?'이다. 우리 모두가 직면하는 장애물 중 하나는 특정 질문에 대답하지 못하는 것이다. 어떤 사람은 자신에게 다른 사람을 전도하는 은사도 없고 제대로 훈련도 받지 못했다고 걱정한다. 하지만 현실은 우리 중 누구도 모든 것을 다 알지는 못한다는 것이다. 다만 전에 생각해 본 적 없는 질문을 마주하게 되는 경우 등에 대처하는 전략을 세울 수는 있다.

무엇보다 정직이 필수다. 우리는 모든 질문에 즉시 대답할 능력이 없음을 인정해야 한다. 그런 다음 그 질문을 조사한 후에 알게 된 내용을 다음에 얘기해 주겠다고 설명하는 것이 좋다. 질문의 답을 모른다고 해서 결코 체면을 잃는 것이 아니다. 그러한 당신의 반응은 오히려 상대방에게 당신에 관해 몇 가지 중요한 점을 말해 준다. 첫째, 당신은 모든 것을 안다고 주장하지 않는다. 둘째, 당신은 그들의 질문을 진지하게 받아들인다. 셋째, 그들을 다시 만나서 그들의 질문에 대해 이야기하기 원한다.

질문을 진지하게 받아들인 후에는 그 질문에 답하기 위해 모든 노력을 기울여야 한다. 하나님의 말씀뿐 아니라 관련 서적이나 다른 그리스도인의 도움을 구하는 등 시간을 들여 그 질문에 대해 깊이 생각해야 한다. 한번 그렇게 하고 난 뒤에는 그 내용을 쉽게 잊어버리지 않을 것이다. 이

것이 바로 복음전도 방법을 배우는 열쇠다. 다른 사람의 지식에서 유익을 얻고 기독교 변증 서적을 읽는 것도 좋지만, 그런 것들은 오히려 우리를 좌절로 이끌 때가 많다. 우리는 우리가 읽은 내용을 쉽게 잊어버리기 때문이다. 특히 직접적인 관련이 없는 질문에 대한 답들은 읽어도 금방 잊어버린다. 그러므로 대화를 나누다가 생겨난 실제적인 질문에 대한 답을 찾는 일에 많은 시간을 들이는 편이 훨씬 낫다.

물론 까다로운 질문에 답하는 것은 시간과 에너지 면에서 값비싼 대가가 될 것이다. 하지만 주님에 대한 신앙을 진지하게 받아들인다면 그 일은 기쁨이 된다. 이후에 만난 대화 상대에게서 그러한 노력이 보상받고 당신이 들려준 대답이 의미가 통하는 것을 보게 될 때에는 더욱 큰 격려가 될 것이다.

반대로 분명하게 알지 못하는 답을 아는 척한다면 체면이 깎이게 될 것이다. '불가지론자'(agnostic)라는 단어는 '알지 못하는 사람'을 뜻한다. 우리 모두는 많은 것에 대한 불가지론자다. 그 말은 곧 누구나 배울 수 있다는 뜻이다. 사실 '배우는 자'는 '제자'라는 단어의 뜻이기도 하다.

Have No Fear

3. 예수님에 대해 이야기하라

우리가 항상 마음에 새겨야 할 복음전도 방법이 있다. 예수님은 "누구든지 … 나를 시인하면 나도 … 그를 시인할 것이요"(마 10:32)라고 말씀하셨다. 시인(是認)은 대체로 매우 짧다. 그래서 이 구절은 우리가 대화 중에 주님을 짧게 시인함으로써 복음전도를 할 수 있다는 것을 시사한다. 그럴 때 우리는 우리의 대화 상대가 그 언급을 이어 가는지도 볼 수 있다. 만약 그가 이어 가지 않는다면 우리의 발언은 쟁점화되지 않은 채 남겨지는 것이다.

예를 들어 우리가 누군가와 뉴스에 관해 이야기하고 있다고 가정해 보자. 사람들이 끔찍한 재난이나 테러 행위에 관해 무언가를 말할 때, 우리는 "그런 상황에서 하나님을 믿는 신앙이 그들을 도울 수 있다고 생각하세요?"라고 물을 수 있다. 만약 상대방이 우리의 질문에 반응한다면, 우리는 대화를 계속 이어 가면 된다. 만약 그러지 않는다면, 우리의 말이 그냥 흘러가게 두면 된다. 다음에 또 기회가 생길 것이다.

주의할 점 두 가지

흘려보낼 때가 언제인지를 아는 것이 중요하다. 그리스도인들은 메시지를 전하는 데 너무도 열정적인 나머지(그러한 열정은 충분히 이해한다) 우리의 말을 듣고 있는 사람들의 부정적인 반응에 민감하지 못할 위험이 있다. 따라서 다음에 언급하는 몇 가지를 마음에 새겨야 한다.

첫째, '편집광'(monomania, 한 가지에 집착하여 그것에 대해서만 이야기하는 사람)이라는 평판을 듣거나 '종교광'(religious nut, 쉬지 않고 종교 얘기만 하는 사람—역주)이라고 멸시당하지 않도록 조심해야 한다. 사람들이 우리의 말에 관심을 갖기 원하고 그것이 사랑에서 비롯되었다면, 우리는 다른 주제에 관해서도 그들과 대화해야 한다. 편협한 사람이 되어서는 안 된다. 우리의 관심 분야가 너무 적어서 우리가 그들의 흥미로운 대화 상대가 되지 못한다고 느낀다면 관심 분야를 개발해야 한다! 최소한 신문을 읽거나 뉴스를 듣는 것만으로도 더 넓은 세계에 관해 이야기를 나눌 수 있다.

둘째, 누군가가 잔소리라고 느끼기 시작하는 것 같으면 의견을 강요하지 말고 화제를 옮겨야 한다. 즉 상대방에게 여지를 주어야 한다. 그들이 우리에게 요청하기 전에 우리가 먼저 그들이 자신의 공간을 충분히 확보했는지 판단해야 한다.

핵심은 '메시지를 주어야 한다'는 압박을 받지 말라는 것이다. 그렇게 하면 자신감이 없어질 뿐 아니라 복음을 효과적으로 전달하지 못한다. 때로는 우리의 손을 벗어나는 상황이 발생하기도 한다.

나에게도 그런 일이 있었다. 청년들과 식사를 하는 자리였는데(일부는 그리스도인이었고 일부는 아니었다) 내 옆에 앉은 청년이 나에게 '왜 예수님의 부활을 믿느냐'고 물었다. 나는 대답하면서 목소리를 낮추려고 애썼다. 하지만 그것이 오히려 내가 바라던 것과 정반대의 효과를 가져왔다. 테이블에서 대화를 나누던 사람들의 웅성거림이 잦아들고 모두가 내 말에 귀를 기울이게 된 것이다. 결국 테이블에 몸을 낮추고 있던 한 남자 청년이 더 이상 참지 못하고 나이프로 테이블을 내려치며 소리쳤다.

"말도 안 되는 소리 좀 그만하세요. 제 평생 그런 헛소리는 들어 본 적이 없어요!"

내가 뭔가 말해 주길 기다리며 청년들 사이에 무거운 침묵이 흘렀다. 나는 (스스로에게 생각할 여유를 주면서) 이렇게 말했다. "감정이 격해진 것 같구나."

"보시는 대로요." 그가 말했다.

"그렇다면 네가 신약성경을 공부했을 때 신약성경에 나온 부활의 증거에서 무엇을 깨달았는지 말해 줄 수 있니?"

"음… 저는 증거가 있는지 몰랐어요." 당황한 그가 더듬거리며 말했다.

식사 후 나는 커피를 마시자며 그를 내 방으로 초대했다. 그때는 그가 부활의 증거에 관해 나에게 질문할 만큼 마음이 열려 있었다. 잠시 후 나는 이렇게 물으며 대화를 멈췄다. "내가 말이야, 예수님이 죽은 자 가운데서 부활하셨고 그분이 주장하신 대로 하나님의 아들이라는 사실을 증명할 증거를 충분히 제공할 수 있다고 가정해 보자. 그렇다면 너는 예수님을 믿고 구원받을 준비가 되어 있니?"

"아니요. 저희 부모님은 제가 집에 있을 때마다 억지로 신앙을 강요하셨어요. 저는 그와 관련된 어떤 것도 하고 싶지 않아요!"

"솔직하게 말해 주어서 고맙구나. 오늘 저녁에 네가 한 말 중 가장 솔직한 말 같아."

그가 '종교적인 것'을 억지로 강요받았고 그것에 대해 분노하고 있다는 것을 내게 말해 주면서 대화의 분위기가 즉시 변했다. 그가 감정적인 협박이 아닌 이성적인 방법으로 기독교 신앙에 접근할 수 있다는 것을 깨닫는 데에도 그리 오래 걸리지 않았다. 놀랍게도 그것을 알게 된 얼마 후에 그는 그리스도인이 되었다.

이 경우는 때때로 사람들이 보이는 첫 번째 반응, 심지어 질문조차도 이성이 아닌 감정과 경험에 의한 것임을 보여 준다. 우리는 그 차이를 분별할 만큼 예민해야 하고, 질문보다 질문자에게 초점을 맞춰야 한다. 물론 모든 반응이 이렇지는 않다. 다르게 생각할 합당한 이유가 있지 않다면, 질문은 질문 자체로 진정성 있게 다뤄야 한다.

토론의 장을 마련하라

대화를 이어 가는 또 다른 방법은 사람들을 식사에 초대해서 TV나 인터넷으로 흥미로운 프로그램을 시청하는 것이다. 식사를 공들여 준비할 필요는 없다. 이런 경우에는 오히려 간단한 식사가 좋다.

내가 학생일 때에는 과학기술이 별로 발달하지 않았다. 당시 나에겐 오픈 릴식 테이프 녹음기와(지금의 기술에 비하면 얼마나 원시적인지 모른다. 아마도 당신은 본 적이 없을 것이다!) '신앙을 위한 변론'이라는 강의 시리즈의 녹음본이 있었다. 그것은 나의 친구이자 멘토인 데이비드 구딩(David Gooding) 교수님의 강의였고, 교수님은 그 강의에서 기독교에 대한 다양한 반대 의견을 다루셨다. 그것을 나는 초대된 사람들에게 흥미로운 강의를 발견했다고 말하며 짧게 발췌하여 틀어 준

뒤 함께 토의하곤 했다. 반응은 훌륭했고, 일부는 매우 생산적인 대화로 이어졌다.

요즘에는 구할 수 있는 자료가 훨씬 더 많다. 팟캐스트 같은 것도 같은 목적으로 사용될 수 있다. 그리스도인과 무신론자 사이의 토의가 유용하다. 양쪽의 주장이 다 나오기 때문에 잔소리를 듣는 느낌이 덜해서 사람들이 훨씬 더 귀를 기울인다.

한 가지 추천하고 싶은 자료는 프리미어 크리스천 라디오에서 방송하는 저스틴 브라이얼리(Justin Brierley)의 〈언빌리버블〉(Unbelievable)이라는 변증학과 신학 토론 프로그램이다.[2] 인터넷에서 쉽게 찾을 수 있는 다른 자료들도 많다.

이런 종류의 활동에 겁을 먹는 사람들이 있다는 것을 잘 안다. 일반적인 반응은 "저는 토의를 이끌 만한 능력이 없어요. 너무 무서워서 그렇게 못하겠어요."이다.

그에 대한 나의 반응은 "당신이 토의를 이끌 필요가 없어요."이다.

---

[2] 이 팟캐스트는 프리미어 크리스천 라디오(Premier Christian Radio) 웹사이트에서 찾을 수 있다. http://bit.ly/2xHZgXX

그리스도인과 비그리스도인을 함께 초대해서 흥미로운 방송을 듣거나 보면, 당신이 아무 말 하지 않아도 토의가 이루어질 것이다. 이런 토의가 전적으로 우리의 능력에 달려 있다는 생각에서 벗어나야 한다. 실제로 경험해 보면 결코 그렇지 않다는 것을 알게 될 것이다.

그러므로 주님을 신뢰하고 이와 비슷한 일을 시도하는 위험을 기꺼이 감수하라. 복음전도는 수영과 같다. 물에 자신을 맡기고 뛰어들기 전에는 물이 당신을 받쳐 줄 거라는 확신을 갖지 못할 것이다. 과감히 복음전도에 뛰어들라. 그러면 주님께서 그분의 약속대로 당신을 받쳐 주신다는 것을 알게 될 것이다.

Have No Fear

4. 성경을 적극적으로 활용하라

 우리의 소망을 드러내고 그 이유를 설명할 때 지속적으로 성경을 사용해야 한다는 것을 잘 알 것이다.

 하지만 대화 중에 관련 성경구절을 인용하는 것과 성경 본문 자체에 초점을 맞추고 일대일 대화를 나누는 것은 별개다.

 빛과 명철을 가져오는 건 하나님의 말씀이 사람의 마음에 들어올 때다. 그러므로 복음전도에서의 우선순위는 친구와 지인에게 성경을 직접 대면시키는 것이어야 한다. 현대 사회는 점점 더 성경을 모르는 사회가 되어 가기 때문에 더욱 그렇다.

 많은 그리스도인이 사람들에게 성경을 소개하는 것이 중

요하다는 것을 알지만 그것을 어떻게 시작해야 할지 모르겠다고 이야기한다. 이런 이유로 사람들은 불신자들에게 성경말씀을 보여 주는 것조차 당황스러워한다. 그 장애물을 극복하는 것이 바로 다음 단계다.

성경 읽기 프로그램 활용하기

이러한 어려움을 해결하기 위해 많은 사람이 다양한 성경읽기 프로그램에서 답을 찾으려고 시도했다. 그중 다수가 훌륭하고 유익한 연구결과이므로 전도를 위해 당신이 친구와 함께 성경 읽는 것을 도와줄 것이다.

이미 좋아하는 매체(예를 들면 크리스채너티 익스플로어드[Christianity Explored] 같은 것)가 있는지도 모르겠다. 당신이 친구와 함께 성경을 펼치는 데 가장 도움이 된다고 생각한 것을 앞으로도 계속 이용하라.

여기에서 나는 아직 많이 알려지지 않은 **말씀 일대일**(The Word: One to One) 방법을 소개하려고 한다. 이것은 복음전도 과정의 훌륭한 입문서라고 볼 수 있다. 사용하기에 매우 편리하며 친구들과 성경에 관해 일대일로 대화할 수 있도록 도와준다.[3] 아이디어는 믿을 수 없을 만큼 단순하지만, 전 세계적으로 모든 연령과 계층과 교육 수준의 사람들에게 엄청난 열매를 거두고 있다는 증거가 넘친다.

말씀 일대일은 요한복음으로 예수님을 소개하도록 고안된 성경 교재 시리즈다. 당신과 당신의 대화 상대가 각각 하나씩 준비하여 함께 내용을 읽는다. 성경 본문이 인쇄되어 있어서 결과적으로 당신 앞에 성경이 펼쳐진다. 뿐만 아니라 요한의 말을 이해할 수 있도록 도와주는 질문들이 교재에 수록되어 있다.

이 교재의 독특한 점은 질문뿐 아니라 답도 있다는 것이다. 그래서 양측 모두에게 있을 수 있는 당황스러움을 제거한다.

경험상 사람들은(아무리 바쁜 사람이라도) 그리스도인 친구와 함께 성경을 읽고 싶어 한다. 그리스도인들이 생각하는 것 이상이다. 그렇게 함께 성경을 읽으며 발전된 관계는 강하

---

[3] *The Word: One to One*은 총 4권이다(10Publishing, 2014).

고 오래간다. 여기에 그런 경험을 한 사람들의 후기가 있다. 그 가치가 어떠한지를 가늠해 볼 수 있을 것이다.

> 북(北)런던에서 어느 활발한 십대 소녀가 몹시 흥분한 채 나에게 왔다. 자기 오빠가 방금 말씀 일대일 교재를 가지고 성경공부를 하기로 했다는 것이었다. 담당 사역자의 말에 따르면 절망적인 알코올중독자였던 그 아이의 아버지 장례를 자신이 집례했다고 한다. 그 아이의 어머니와 오빠 모두가 마약 복용자이고, 그 아이도 너무 산만해서 걸핏하면 청소년 시설에서 쫓겨나곤 했다. 그런데 그 아이가 말씀 일대일 교재가 자기에게 허물없이 다가올 수 있다는 걸 알게 되었고, 그런 방식으로 요한복음을 읽은 뒤 회심했다. 이제 그 아이는 학교 친구들과 함께 그 교재를 사용하고 있다.

보험회사에서 일하는 한 남자는 성경공부 교재를 가지고 많은 동료들과 성경에 대해 이야기를 나누었다. 그의 친구 중 하나는 세 번째 만남에서 책상을 내리치며 물었다.

"어떻게 이게 가능하지? 나는 막대한 비용을 지불하며

값비싼 교육을 받아 왔는데, 아무도 나에게 이걸 보여 주지 않았어!"

이 그리스도인이 성경을 공부하며 발견한 것은 함께 성경을 읽는 사람들에게 성경은 그것이 진리임을 스스로 증명한다는 것이었다.

제가 주님께로 인도한 사람들 중에서 매우 똑똑했던 한 남자는 그리스도를 영접하기까지 15개월이 걸렸어요. 무엇이 그를 십자가 앞으로 데려다주었냐고 묻자 그는 이렇게 재담을 펼쳤죠.

"음, 자네가 해 준 말 때문이 아니라네! 사실 자네가 한 말은 기억이 안 나. 그런데 **말씀**에 나온 말, 특히 요한복음의 첫 구절에서 벗어날 수가 없었지. '태초에 말씀이 계시니라.' 그 말이 내 마음에 들어와 박혔어. 마치 고기에 도장이 찍히듯 말이야. '태초에….' 나는 생각했지, '리처드 도킨스(Richard Dawkins), 당신이 틀렸어. 태초가 있었다고.' 요한복음을 읽으면 읽을수록 그 말씀이 누구신지, 그가 오셔서 무엇을 하셨는지, 나를 살리시려고 그가 십자가에서 어떻게 죽으셨는지, 그리고 나를 영원히 자신의 가족으로 입양하시려고 그가 다시 부활하셨다는 사실이 점점 더 내게 분명하게 보였다네. 내가 그리스도인이 된 것은 자네가 한 말과는 전혀 상관이 없어. 오직 요한이 한 말 때문이야."

자신의 회심이 그리스도인 친구가 아니라 성경말씀 때문이었다고 말하는 이 남자는 복음전도에서 불필요한 스트레스를 덜어 줄 수 있는 중요한 주장을 하고 있다.

우리는 우리가 겉으로 어떻게 보이는지, 사람들에게 어떤 인상을 주는지, 사람들이 우리를 어떻게 생각하는지 등을 지나치게 염려한다. 이러한 것이 중요하지 않은 것은 아니다. 우리는 천박하고 불친절하고 부주의해 보이기를 바라지 않는다.

하지만 우리의 복음전도가 열매를 맺게 해 주겠다고 약속하신 분은 주님이시기에, 주님을 신뢰하는 데 초점을 맞춰야 한다. "내가 너희를 택하여 세웠나니 이는 너희로 가서 열매를 맺게 하고"(요 15:16). 그분이 메시지의 중심이다. 우리가 아니다.

특히 노년층에서 말씀이 그들의 삶에 완전히 새로운 국면을 가져다준 경이로운 도구라고 입을 모았다. 여든아홉 살의 한 남성은 너무 많은 친구들이 평안하게 지내지 못하는 것을 발견하고 일곱 명의 지인과 함께 말씀 읽기 교재를 활용하고 있다. 한 과부는 교회의 자매로부터 "노모를 방문할 시간이 있느냐?"라는 질문을 받았다. 그녀는 초콜릿이나 꽃을 들고 가는 대신 말씀 읽는 교재를 택했고, 아흔 살의 노모는 자신이 평안하지 못하다는 것을 깨달으며 굳게 회심했다.

사람들이 복음을 이해하는 방식

나의 그리스도인 친구 중 하나가 나이나 환경이 어떠하든 많은 사람이 복음이 무엇인지 이해하게 되는 방식을 다음과 같이 요약했다. 당신에게도 도움이 될 것이다.

몇 주 후 한 친구가 웃으며 이렇게 말했다. "내가 지금까지 잘못 이해하고 있었다는 걸 이제야 깨달았어! 난 그리스도인이 되는 게 착하게 행동하는 건 줄 알았는데, 그건 나를 위해 이미 다 이루어져 있더라고. 내가 할 일이라곤 믿는 것뿐이더라."

이러한 생각이 매우 일반적이다. 우리의 친구들은 기독교의 메시지를 전혀 이해하지 못한 채 그것이 단지 도덕적인 교훈으로 이루어져 있다고 생각한다. 그들은 기독교의 메시지를 심사숙고해 보고 거절한 것이 아니다. 처음에는 그게 대체 뭔지 이해하지 못하는 경우가 많다. 성경을 펼쳐서 친구와 함께 성경을 읽는 것은 전구에 스위치를 켜는 것과 같다.

이러한 증언들이 당신으로 하여금 친구를 찾아가 함께 성경을 읽자고 요청하게 하는 자극제가 되기를 소망한다. 당신이 활용하기로 결정한 매체나 방법이 무엇이든, 당신이 친구와 함께 성경을 펼칠 때, 살아 있고 운동력 있는 하나님의 말씀이 그들의 인생에서 역사할 것이다.

만약 앞에서 말한 '말씀 일대일'을 이용해 보고 싶다면, 먼저 유튜브에서 런던 랭함 플레이스에 있는 올소울즈(All Souls)교회의 복음전도자 리코 타이스(Rico Tice)가 올려놓은 교재 사용법 소개 영상을 시청하라.[4] 그다음 무료 다운로드를 포함해서 그 자료를 얻을 수 있는 방법을 알고 싶으면 웹사이트(https://www.theword121.com)를 방문하라. 거기에서도 사용법에 대한 팁, 자주 묻는 질문, 이미 도움을 받은 사용자들의 후기 등을 찾아볼 수 있다.

우리는 많은 사람이 다른 누구와의 접촉 없이 오직 성경을 읽음으로써 예수 그리스도에 대한 믿음으로 나아온다는 사실을 기억해야 한다. 호텔, 학교, 대학, 교도소, 병원 등에 성경을 배치하는 선교단체들의 사역이 그에 대한 충분한 증거다.

이런 이유로 나는 가능할 때마다, 특히 여행을 할 때 습관적으로 성경을 몸에 지니고 다닌다. 그리고 누군가에게 그 성경을 전해 줄 수 있기를 기도한다.

많은 그리스도인이 성경이 하나님의 말씀이라고 믿는다고 말하면서도 그 일부를 나눠 주려고 하지 않는다는 점이 참으로 이상하다.

---

[4] 리코 타이스(Rico Tice)의 *The Word: One to One*에 대한 소개영상은 http://bit.ly/word121에서 찾을 수 있다.

당신이 마지막으로 친구에게 성경을 전해 준 것은 언제인가?

Have No Fear

5. 신앙과 삶을 일치시키라

복음전도에서 주된 역할을 하는 것은 우리의 성품이다. 우리의 삶이 신앙고백을 뒷받침하지 않는다면 아무도 우리의 말에 관심을 기울이지 않을 것이다. 우리는 말한 대로 행해야 한다.

시작하는 글에서 살펴보았듯이, 예수님은 우리에게 "세상의 소금"과 "세상의 빛"(마 5:13-14)이 되라고 명령하셨다. 마태복음 5장 16절은 "이같이 너희 빛이 사람 앞에 비치게 하여 그들로 너희 착한 행실을 보고 하늘에 계신 너희 아버지께 영광을 돌리게 하라"고 이어진다.

베드로는 이를 뒤집어 말한다. 우리가 사람과 관계를 맺을 때 "온유와 두려움으로 하고 선한 양심을 가지라. 이는 그리스도 안에 있는 너희의 선행을 욕하는 자들로 그 비방하는 일에 부끄러움을 당하게 하려 함이라. 선을 행함으로 고난받는 것이 하나님의 뜻일진대 악을 행함으로 고난받는 것보다 나으니라"(벧전 3:16-17)라고 말이다.

이토록 그리스도인인 우리의 행실이 중요하다면, 베드로의 가르침 전부를 실천에 옮기는 것이 매우 중요하다.

온유

우리의 기질은 다 다르다. 그래서 어떤 사람들은 다른 사람들보다 온유하기가 더 쉽다. 또 어떤 사람들은 너무 온유하거나 소심한 경향이 있다. 우리는 필요하다면 우리의 성격을 바꾸려 노력해야 한다. 우리를 변화시키시는 하나님의 성령의 능력으로 그분을 닮아 가야 한다.

우리는 예수님이 우리의 주님이시라고 주장한다. 사람들이 그것을 알게 되는 것은 우리의 성품이 예수님의 성품을 반영할 때다. 복음서를 공부하다 보면, 예수님께서 특히 삶이 고되고 절망적인 사람들을 얼마나 온유하게 대하셨는지 알게 된다. 그분이 단호하지 않으셨다는 뜻이 아니다. 예수님은 그분의 메시지에 반대하며 종교적 편견에 사로잡혔던 이들에게 매우 단호하셨다. 하지만 끊임없이 사람들의 문제를 인지하시고 그들에게 관심을 기울이셨다. 상처 입은 사람들에게 긍휼을 보이셨고, 그 결과 사람들은 자기의 문제를 예수님께 가져오며 그분의 메시지에 마음을 열었다.

존중

베드로의 목록에 등장하는 다음 자질은 존중(개역개정에는 "두려움"으로 번역되었다-역주)이다. 이는 나의 부모님께서 몸소 가르쳐 주신 것이다.

환난의 그림자가 덮쳐 올 때(북아일랜드 분쟁을 가리킨다. 12세기에 영국이 북아일랜드를 침략한 후 아일랜드인들은 영국의 개신교도들에게 차별과 억압을 받았는데, 20세기에 아일랜드 가톨릭교도들이 아일랜드공화국군을 만들어 폭탄테러 및 게릴라전을 벌이며 격렬히 반발하였고, 1969년부터 30년간 양측의 유혈충돌로 3,700여 명이 목숨을 잃었다-역주), 나는 북아일랜드에서 청소년기를 보내고 있었다. 북아일랜드에는 종파 간에 차별이 있었다. 하지만 아버지는 모든 남자와 여자는 그들의 신앙과 상관없이 하나님의 형상으로 지음받았다고 믿으셨기 때문에 가게에서 일하는 직원 모두를 공평하게 대하셨다. 그것은 위험한 실천이었고, 곧이어 테러리스트의 폭탄 테러가 있었다. 그럼에도 아버지는 자신의 확신대로 사셨다. 나는 그 교훈을 결코 잊지 않았다.

어떤 사람들은 자신과 의견이 다른 사람들을 존중하기 어려워한다. 그런 태도가 기독교 신앙을 고백하는 신자들 사이에서 발견될 때에는 훨씬 더 이해하기 어렵다.

우리가 다른 사람들과 관계를 맺게 된다면, 그들에 대한 존중을 보여 주기 위해 특별한 노력을 기울여야 한다. 차이와 불일치를 덮고 가자는 뜻이 아니다. 우리도 바울처럼 "내가 복음을 부끄러워하지 아니하노니 이 복음은 모든 믿는 자에게 구원을 주시는 하나님의 능력이 됨이라"(롬 1:16)고 주장해야 한다.

사도 바울은 우리에게 "오직 사랑 안에서 참된 것을 하라"고 말한다(엡 4:15). 참된 것을 하는 것은 쉽다. 우리가 사람들을 사랑할 필요가 없다면 말이다. 사람들을 다정하게 대하면서 사랑하는 것도 쉽다. 우리가 참된 것을 하지 않아도 된다면 말이다. 그러나 이 둘을 동시에 실천하는 것은 도전이다. 그럼에도 복음전도를 위해 우리는 반드시 그렇게 하는 법을 배워야 하고, 그러한 자질을 우리의 성품 안에 세워야 한다. 우리 스스로 열심히 애써야 하지만, 무엇보다 하나님의 도우심이 있어야 가능한 일이다.

베드로가 경고한 것처럼(벧전 3:16), 우리를 욕하는 사람을 존중하는 것은 훨씬 더 어렵다. 그러므로 '복수하기', 혹은 '받은 만큼 돌려주기'의 강렬한 욕망을 억누를 수 있도록 주님을 의지하는 법을 배워야 한다. 재미없고, 의욕도 없고, 신앙에 대한 용기도 잃은 듯한 인상을 주지 않는 방식으로 그렇게 해야 한다.

선한 양심을 가지라

우리의 복음전도에는 도덕적인 면이 있다. 베드로가 여기서 특별히 염두에 둔 것은 그리스도인들이 오해와 비방을(심지어 박해까지) 당하기 쉽다는 사실이다.

물론 거짓 고소를 당할 근거를 제공해서는 안 된다. 오늘날에는 더더욱 그러하다. 우리는 갈수록 온갖 종류의 중상모략이 퍼부어지는 세상에 살고 있기 때문이다. 소셜미디어의 악의적인 말(때로는 사람들의 인생을 파괴하기도 한다)에서부터 부도덕에 대한 공개적인 고발에 이르기까지 그 범위는 매우 넓다.

우리가 다른 사람들보다 낫다고 주장하는 게 아니다. 우리도 그들과 같은 죄인이다. 그러나 우리가 예수님을 우리의 구원자로 신뢰한다면(그분이 우리 죄의 형벌을 받아 십자가에서 죽으셨음을 믿는다면), 우리는 용서받는다. 또한 예수님께서 우리 주님이 되셨기에 우리 삶에서 새로운 능력을 갖게 된다.

그러므로 우리가 삶을 영위하는 방식에는 반드시 눈에 띄는 변화가 있어야 한다. 만약 우리가 속임수, 욕망, 거짓말, 험담, 도둑질을 한다고 인식되거나 질투와 분노를 드러낸다면, 우리의 메시지는 사람들의 귀에 들리지 않고 오히려 조롱거리가 될 것이다. 기억하라. 우리는 사람들에게 놀라운 구원의 소식을 전하기 위해 애쓰고 있다. 우리의 삶이 '구원받은 것'처럼 보이지 않는다면 그 일은 불가능하다.

하나님께서는 우리 각자에게 양심(옳고 그름으로 안내하는 최고의 안내자)을 주셨다. 그 양심이 우리를 괴롭힌다면 행동을 취해야 한다.

어쩌면 우리의 인간관계와 생활에서 솎아 내야 할 무언가가 있는지 모른다. 우리가 잘못했던 사람들에게 용서를 구해야 할 수도 있다. 어떤 사람들은 인터넷 활동을 청산하거나 특정 생활영역에서 전쟁을 벌여야 할 것이다. 그러지 않으면 그리스도에 대한 신앙을 증거하는 에너지는 고사하고 그런 욕구조차 갖지 못할 것이다.

선을 행함으로 고난을 받으라

베드로는 그리스도인의 경험에 대해 현실적으로 이야기한다. 그가 살던 시대에는 당국에 의한 산발적 괴롭힘에서부터 적극적인 박해와 육체의 고난에 이르기까지 그리스도인이 겪는 환난이 많았다.

베드로는 편지(벧전 4:12)를 통해 사랑하는 성도들에게 그런 시험을 이상히 여기지 말라고 이야기한다. 예수님께서

"육체의 고난을 받으셨"으므로(벧전 4:1) 그분이 가신 고난의 발자취를 따라가야 한다는 것이다.

우리가 사는 세상도 다르지 않다. 종교적인 신념을 사적인 영역에 가두고 싶어 하는 세속주의의 지배력에 많은 그리스도인이 대처해야 하는 현실이다. 세속주의는 복음을 전하려는 우리의 시도에 적극적으로 저항한다. 세계 곳곳에서 그리스도인들이 극심한 박해를 당하고 있다.

그러므로 우리는 주님께서 우리보다 먼저 고난의 자리에 계셨음을 기억해야 한다. "세상이 너희를 미워하면 너희보다 먼저 나를 미워한 줄을 알라"(요 15:18). 뿐만 아니라 '증인'에 해당하는 헬라어에서 '순교자'라는 단어가 유래되었다는 사실을 기억해야 한다. 예수님을 증거하는 일에는 반드시 고난이 따른다.

Have No Fear

6. 종교와 기독교의 차이를 이해하라

　사람들이 흔히 하는 실수는 기독교를 많은 종교 중의 하나로 생각하는 것이다.

　나는 사람들에게 '종교가 무엇이라고 생각하는지'를 묻는 것이 매우 흥미롭다는 것을 알게 되었다. 일반적으로 동의하는 내용은 종교란 '인간을 자기 너머의 존재, 즉 초월적인 존재에 연결시키는 방식'이라는 것이다.

　대개 종교는 가입 이후에 소정의 가르침을 따르는 식으로 이루어져 있다. 종교 의식과 성전이 중요하게 여겨지고, 궁극적인 관심사인 내세로 들어가는 것은 종교생활에서 쌓이는 공적에 기초하여 그 사람의 인생을 최종적으로 평가하는 것으로 결정된다.

사람들이 "나 정도면 괜찮은 그리스도인이잖아. 아무에게도 해를 끼치지 않고 말이야. 그런데도 왜 자꾸만 나에게 구원이 필요하다고 말하는지 정말 이해가 안 돼. 왜 계속 죄에 대해서 말하는 거야?"라고 하는 건 바로 그런 이해 때문이다.

이에 대한 나의 대답은 다음에 이어지는 이야기로 잘 전달될 것 같다.

기독교는 다른 종교와 무엇이 다른가?

수년 전 헝가리의 어느 교회에서 가르치는 사역을 마치고 집으로 돌아갈 때였다.

집에 가는 비행기를 타기 위해 부다페스트를 경유해서 비엔나로 가는 기차를 탔다. 예약한 자리는 이등석이었고 나는 내 자리를 찾아 앉았다.

말로 설명하기 힘들지만, 나는 자리에 앉자마자 불편함을 느꼈다. 그 전까지 한 번도 경험하지 못한 느낌이었다. 아니, 그 이후로도 경험하지 못했다.

처음에는 내가 자리를 잘못 찾은 줄 알았는데, 기차표를 확인해 보니 내 자리가 맞았다. 그런데 문득 일등석 칸에 가서 앉아야 한다는 생각이 들었다.

그 확신이 너무 강했던 나머지 나는 이등석 칸을 떠나 기차의 맨 앞으로 걸어갔다. 거기에는 두 종류의 일등석 칸이 있었다. 하나는 낡고 허름했고, 다른 하나는 새것처럼 깨끗했다.

기차가 곧 출발하려 했기 때문에 나는 빛나는 일등석 칸에 오르려 했다. 하지만 기이하게도 한쪽 다리가 갑자기 움직이지 않았다. 나는 일종의 발작이 온 줄 알고 허둥대기 시작했다.

그런데 내가 낡고 허름한 칸으로 몸을 돌리자 다시 움직일 수 있게 되었고, 덕분에 나는 기차가 역을 떠나려던 순간에 간신히 기차에 올라탈 수 있었다.

나는 그 칸의 문 옆자리에 앉았다. 창가 자리는 이미 주인이 있었다.

잠시 후 마음이 안정되었지만, 대체 나에게 무슨 일이 일어났던 건지 얼떨떨했다.

나는 휴식을 취하려고 눈을 감았다. 그리고 창가 자리에 앉은 두 남자가 내가 이해할 수 없는 언어로 조용히 대화하는 소리를 들었다.

잠시 후 그들의 언어는 프랑스어로 바뀌었다. 그건 내가 이해하고 말할 수 있는 언어였다.

완전히 회복된 나는 그들에게 인사를 건넸고, 우리는 각자의 직업에 관해 이야기를 나누었다.

그들은 둘 다 고위직 국제법조인이었다. 한 사람은 대사였고, 다른 한 사람은 국제 법원의 판사였다. 나는 나를 수학자라고 소개했다.

대화가 잠시 끊겼을 때 깜빡 잠이 들었다. 그런데 두 사람 중 하나가 갑자기 소리쳤다.

"십자가들 좀 보세요!"

그는 창문 밖 공동묘지를 가리키며 물었다.

"이 나라에 기독교인이 있을까요?"

나는 그곳에 많은 기독교인이 있다고 알려 주었다. 그리고 내가 그들 중 일부에게 성경을 가르치며 그들과 함께 일주일을 보냈다고 말했다.

"하지만 그건 이성적이지 않잖아요. 당신은 수학자이면서 어떻게 성경을 진지하게 받아들일 수 있죠? 게다가 우리는 어떤 경우든 신께 직접 다가갈 수 있잖아요. 심지어 사막에서도요. 예수든 마리아든 우리를 돕는 중재자가 필요 없어요."

대화가 좀 더 진행된 후에(그 대화에서 나는 나의 기독교 신앙이 증거에 기초한 것이라고 말했다) 한 사람이 나에게 이렇게 말했다.

"우리는 이 기차에서 세 시간을 보낼 수 있어요. 우리에게 당신의 기독교와 우리가 생각하는 종교의 차이점을 설명해 줄 수 있나요?"

나는 그들에게 그들의 종교의 본질이 무엇이냐고 물었다. 그리고 나의 대답을 그림으로 설명하기 위해 종이와 펜을 찾았다.

아무것도 찾지 못하던 중에 바닥에 먼지가 쌓인 것을 발견했다. 그래서 나는 손가락으로 바닥에 다음과 같은 그림을 그린 다음 이렇게 물었다.

"당신이 말하는 종교가 이 그림과 같다고 말해도 괜찮겠습니까?"

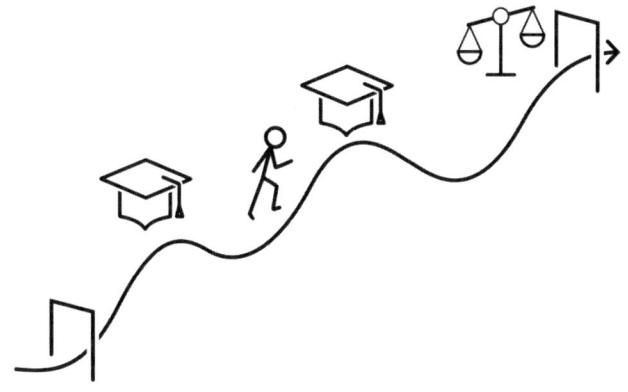

나는 계속해서 말을 이어 갔다.

"대부분의 종교에는 처음에 그 종교에 가입할 수 있는 문이 있습니다. 일종의 의식 같은 거죠. 특정 그룹에 속하게 되는 출생도 그중 하나입니다. 그 문은 당신이 그 길을 시작하도록 인도하지요. 이 그림에 있는 물결무늬 선이 그 길을 나타내고 있어요. 당신에게는 당신을 가르치고 인도해 줄 사람들이 있습니다. 그건 여기 있는 학사모예요. 그 길은 그곳에서의 성공 여부에 따라 오르락내리락합니다. 그리고 죽음을 맞이할 때 최종 평가에 이르게 됩니다. 그림에 있는 심판의 저울이 그걸 상징하는데, 거기서 당신의 인생은 철저히 평가를 받게 됩니다. 영광스러운 내세로 진입할 수 있는지 여부는 당신의 선행이 당신의 악행을 능가하느냐, 반대로 당신의 악행이 당신의 선행을 능가하느냐에 달려 있지요. 그것은 실적주의에 따른 것이기 때문에 당신의 선생이나 조언자나 구루(guru, 힌두교의 정신적 스승이나 지도자-역주)나 이맘(imam, 이슬람교의 지도자-역주)이나 사제나 랍비가 누구이든, 그들은 최종 평가에서 당신의 성공을 보장해 줄 수 없습니다. 이를테면 대학교 과정과 매우 유사합니다. 당신은 입학을 위해 특정 조건을 충족시켜야 합니다. 교과과정을 따라가다가 졸업시험을 맞게 되지요. 하지만 당신의 교수와 스승이 아무리 좋고 친절하다 해도, 그들이 당신의 학위를 보장해 줄 수는 없습니다. 왜냐하면 학위는 전적으로 당신의 최종 시험 성적에 달려 있기 때문입니다. 이런 식으로 말해도 괜찮습니까?"

그 두 사람은 그것이 그들이 믿는 바일 뿐 아니라 모든 종교인이 믿는 바이기도 하다고 동의했다. 그것이 종교의 본질이었다.

그래서 나는 이렇게 말했다.

"그렇다면 두 분의 말씀은 곧 저는 종교인이 아니라는 뜻이 됩니다."

"당신은 기독교인이라면서요?"

"예, 저는 기독교인입니다. 지금부터 제가 말하게 될 내용이 바로 두 분이 처음 질문하신 것에 대한 직접적인 답입니다. 제가 믿는 바와 두 분이 믿는 것의 차이가 무엇이냐고 물으셨죠? 그 질문에 답하기 전에 먼저 일반적으로 종교와 철학에는 도덕적인 가르침이 많다는 것을 이야기하는 게 좋을 것 같습니다. '황금률'을 예로 들어 보겠습니다. 그것의 한 형태가 '남에게 대접을 받고자 하는 대로 너희도 남을 대접하라.'라는 것을 잘 아실 것입니다. 우리는 이 세상의 모든 종교와 철학에서, 심지어 어떤 종류의 신도 믿지 않는 종교와 철학에서도 그 황금률을 발견할 수 있습니다. 그러므로 차이점은 '어떤 종교가 도덕성에 대해서가 아니라 나와 하나님, 혹은 나와 신들과의 관계에 대해 말하느냐'에서 발생합니다. 제가 그린 그림은 두 분이 많은 사람들과 공유하는 일반적인 시각을 보여 줍니다. 하지만 기독교의 메시지는 이와 다릅니다. 최후 심판에서 하나님께 받아들여지느냐, 그렇지 않느냐의 여부는 **실적주의에 따르지 않습니다.** 이 점에서 기독교는 대단히 급진적인 것을 가르칩니다. 즉 우리가 그 길의 시작점에서 받아들여질 수 있다고 말하는 겁니다. 기독교는 유아나 성인에게 행해지는 예전이나 의식이 신앙생활의 첫 단계가 아니라고 가르칩니다. 오히려 그것은 예수 그리스도에 대한 진지한 헌신의 서약이지요. 그것은 예수 그리스도께서 우리 죄에 대한 대가로 자기 자신의 생명을 주기 위해 이 세상에 오신 성육신한 하나님이심을 믿는 것과 관련됩니다. 그분이 그렇게 하신 이유는 우리 죄가 우리를 하나님으로부터 멀어지게 했기 때문입니다."

이 말을 마치면서 나는 먼지 위에 그린 그림에서 시작 부분에 있던 문에 십자가를 그렸다. 그리고 그들에게 이렇게 말했다.

"자, 두 분이 처음 질문에 대한 저의 대답을 원하신다면, 심판으로 넘어가기 전에 먼저 제 말을 잘 듣고 이해해 주시기 바랍니다."

"계속하세요."

"예수님께서 이렇게 말씀하셨죠. '내 말을 듣고 또 나 보내신 이를 믿는 자는 영생을 얻었고 심판에 이르지 아니하나니 사망에서 생명으로 옮겼느니라'(요 5:24). 이 말씀은 예수님이 인류의 최후 심판자가 될 거라는 놀라운 주장을 하는 배경에서 나왔습니다."

나는 창가 자리에 앉은 판사에게 몸을 돌려 물었다.

"판사님, 제가 저의 사건을 판사님께 맡겼는데 판사님이 저에게 무죄를 선고했다고 가정해 보겠습니다. 그렇다면 그 사건에 관하여 판사님의 말을 믿는 게 옳습니까?"

그는 의분을 터뜨리며 말했다.

"당연하죠. 제가 최종 평가자인 판사잖아요. 제가 당신에게 무죄를 선고했다면, 당신은 무죄이지요."

"그렇습니다. 예수님은 온 우주에서 최고위 심판자이십니다. 그런 분이 우리가 그분을 믿으면 우리와 하나님과의 관계가 바르게 되었음을 선언하시겠다고 말씀하십니다. 그 근거는 예수님 자신이 십자가 위에서 우리 죄의 결과인 유죄 판결에 대한 형벌을 치르셨다는 것입니다. 게다가 우리에겐 그것이 사실이라는 증거가 있지요. 초기 기독교의 사도인 바울이 아테네의 철학자들에게 설명했듯이, 하나님께서는 예수님을 죽은 자 가운데서 다시 살리신 것으로 모든 사람에게 믿을 만한 증거를 주셨습니다(행 17:31)."

잠시 침묵이 흘렀다. 그러자 대사가 판사에게 말했다.

"큰 차이가 있네요." 그러고는 나를 바라보며 덧붙였다.

"기독교는 전적으로 예수 그리스도가 정녕 누구인지에 달려 있군요."

"그렇습니다." 내가 대답했다.

그런 다음 그들이 자신들의 이야기를 해 주었다. 그들은 주말에 비엔나에서 고위급 회담에 참석했고 하루를 쉴 수 있었다. 그래서 대사관 차량에 부탁해서 부다페스트에 데려다 달라고 했다.

거기서 하루를 보낸 뒤 돌아가려고 하는데, 차가 기차역 바로 옆에서 고장이 나 버렸다. 그래서 기차를 탈 수밖에 없었다.

"우리는 원래 기차를 타지 않아요." 그들이 설명했다.

"수년 동안 기차를 타 본 적이 없어요. 그런데 우리가 기차에서 당신을 만나서 이제껏 경험해 본 적 없는 대화를 나누고 있어요. 우리가 다녔던 전 세계의 유수한 대학에서도 경험해 보지 못한 대화예요. 당신은 이걸 어떻게 설명할 건가요?"

"매우 간단하지요. 하나님의 인도하심으로 그런 일이 생겼다고 생각합니다. 이번 일이 그런 사례지요."

우리는 복음의 씨앗을 뿌린다

나는 가끔씩 그날 이후 그들에게 무슨 일이 일어났을지 궁금하지만 알 길이 없다.

우리는 복음을 전한다. 복음의 씨앗을 뿌린다. 우리에게 기회가 주어지는 많은 경우에 그렇게 한다. 그게 전부다. 그다음 일은 주님께 맡긴다.

내가 이 이야기를 하는 것은 당신이 친구들과 나눌 예화를 제공하기 위해서다. 복음전도의 핵심은 종교와 기독교에 관한 전통적인 관점 차이를 설명하는 것이기 때문이다.

어쩌면 당신은 이와 유사한 대화에 연루된다는 생각만으

로도 겁을 먹을지 모르겠다. 그러나 하나님께서는 누구나 증인으로 사용하실 수 있고, 실제로 사용하고 계시다. 교수나 학자만이 아니다. 복음전도자와 변증가로 훈련된 자들만도 아니다.

기독교가 여타 종교와 어떻게 다른지 설명하는 것은 우리 모두가 할 수 있는 일이다.

우리가 기꺼이 담대해지기로 마음먹으면, 자신의 말과 자신의 방법으로 누구나 할 수 있다.

또한 이 이야기는 하나의 중요한 교훈을 준다. 하나님은 학문이나 철학적인 방식으로 그저 '존재'하시는 분이 아니라는 사실이다.

하나님은 살아 계시고 이 세상에 많은 관심을 갖고 계신다. 창조 세계를 통해, 그리고 궁극적으로 그 아들 예수 그리스도를 통해 우리 삶에서 역사하시고, 우리와 접촉하시며, 우리에게 말씀하신다.

나는 내 삶에서 운이 좋다고밖에 설명할 수 없는, 정말 많은 '우연의 일치'를 경험했다. 이 이야기는 그 많은 이야기 중 하나에 불과하다.

당신이 친구들에게 복음을 전하게 되면 당신도 같은 걸 발견하게 될 것이고, 그것이 당신에게 큰 기쁨을 가져다줄 것이다.

Have No Fear

7. 구원에 대해 설명하라

'종교'라는 용어를 설명하기 위해, 나는 종종 기차 바닥에 그렸던 그림을 사용한다. 때로는 여기에 한 가지 설명을 추가하여 메시지를 강화하기도 한다. 이번 장에서는 구원이 무엇인지를 명확히 밝힐 것이다. 나에게 그랬던 것처럼, 당신에게도 이 예화가 도움이 되기를 소망한다.

수년 전 나는 '샐리'라는 소녀를 만났고, 사랑에 빠져서 그녀에게 프러포즈를 하기로 결심했다. 나는 그녀에게 다가가 선물꾸러미를 주었다. 그녀는 그게 뭐냐고 물었다. 나는 열어 보면 설명해 주겠다고 말했다. 그녀는 그 속에서 유명한 요리책을 발견했고, 고마움을 표시하면서 왜 그걸 주느냐고 물었다.

나는 그 책에는 요리를 잘하기 위한 규칙과 지시사항이 가득하다는 걸 알려 주었다. 그런 다음 내가 정말로 그녀를 사랑한다고 이야기하며 몇 가지 조건에 맞는다면 그녀가 내 아내로 맞이하고 싶다고 설명했다. 그 조건이란, 책의 규칙과 지시사항들을 잘 지키고, 나를 위해 수준 높은 요리를 해 주는 것이었다. 그것도 앞으로 사십 년 동안이나!

나는 만약 그녀가 그렇게 할 수 있다면 그녀를 내 아내로 삼는 걸 생각해 보겠다고 말을 이어 갔다. 만약 그러지 못하겠다면, 지금 당장 나와 헤어져서 집에 계신 어머니에게 돌아가도 좋다고 했다.

당연히 이건 내가 프러포즈했던 방법이 아니다. 이건 너무나 터무니없는 시나리오다. 이런 프러포즈는 그녀에게 모욕감을 줄 것이다. 나에게 그녀를 받아들이기 전에 그녀가 부엌일을 어떻게 수행하는지 관찰하며 수년을 기다리라고 하다니 정말 말도 안 된다!

우리는 누군가를 이런 식으로 대하는 것에 대해 생각조차 하지 않는다. 이것은 관계가 형성되는 방법이 아니다. 그러나 놀라운 것은, 많은 사람이 하나님께 취하는 태도가 정확히 이러하다는 것이다. 사람들은 언젠가 하나님께서 용납하실 거라는 소망으로 자기의 공적을 쌓으려 애쓴다. 앞에서 그린 그림에서 길이 오르락내리락하는 것처럼 말이다. 우리의 친구들을 볼 때, 이 방법이 통하지 않는다는 걸 누구나 알 수 있다. 그것은 하나님께도 통하지 않는다. 하나님은 우리가 그 형상을 따라 지음받은 분이기 때문이다. 하지만 우리의 교만은 우리에게 이 사실을 숨길 때가 많다. 놀랍게도 자기의 구원을 얻기 위해 하나님 편에서 일할 준비가 되어 있으면서도 그분을 신뢰할 준비는 되어 있지 않은 사람이 얼마나 많은지 모른다.

구원의 중심에는 '하나님의 은혜'라는 장엄한 교리가 있다(엡 2:4-5). 성경이 '구원'이라고 말할 때의 의미는 자기 힘으로 어쩔 수 없는 사람들을 구하기 위한, 하나님 편에서의 지극한 사랑의 행위다.

예수님이 없다면 우리는 우리의 죄로 "죽고"(엡 2:1) 하나님의 진노를 마주하게 된다(요 3:36). 우리가 예수님을 믿으면 우리가 누구이든 무엇을 했든, 용서를 받고 새 생명을 발견할 뿐 아니라 하나님과 화목해질 수 있다.

여기에는 기독교 메시지의 또 다른 핵심 요소가 있다. 내가 기차에서 만난 법조인들 예화에서 언급했던 것인데, 바로 예수님께서 최후 심판자가 되신다는 것이다. 그 역할에 관해서는 그리스도께서 이 땅에 사시는 동안 직접 주장하셨고, 심판이 어떻게 이루어지는지에 대해서는 다음과 같이 말씀하셨다.

> 하나님이 그 아들을 세상에 보내신 것은 세상을 심판하려 하심이 아니요 그로 말미암아 세상이 구원을 받게 하려 하심이라. 그를 믿는 자는 심판을 받지 아니하는 것이요 믿지 아니하는 자는 하나님의 독생자의 이름을 믿지 아니하므로 벌써 심판을 받은 것이니라(요 3:17-18).

자기의 공로로 하나님께 용납될 수 있다고 생각하는 사람들은 하나님의 심판의 관점에서 자기가 어디에 서 있는지를 전혀 모르는 것이다.

우리는 모두 자격미달이다. 때로는 우리의 기준으로 봐도 너무나 자격미달이다. 하나님의 기준은 완전함이다. 하나님의 명령을 진지하게 받으면 받을수록 우리가 얼마나 죄인인지 보게 될 뿐이다. 그럼에도 많은 사람이 최후 심판 때에 하나님께서 누그러진 태도를 가지고 우리의 악행을 대충 넘어가시며 우리를 용납하실 거라고 기대한다. 하나님께서 그분의 기준을 매우 엄격하게 적용하지 않으실 거라고 생각한다. 그런 관점은 하나님의 거룩은 타협할 수도 없고 타협하지도 않을 거라는 사실을 보지 못한다. 하나님의 기준은 완전함이기 때문에 "누구든지 온 율법을 지키다가 그 하나를 범하면 모두 범한 자가" 된다(약 2:10). 이것이 불공평하다고 저항하는 것은 마치 배를 닻에 연결해 주는 사슬 중에서 고리 한 개만 고장 났는데 왜 배 전체가 떠내려가서 파선하느냐고 불평하는 것과 같다. 관계의 본성이 원래 그런 것이다.

심판을 피하는 유일한 방법은 그리스도께서 사랑으로 우리에게 말씀하신 것처럼, 공로로 용납을 얻어내려는 노력을 멈추고, 구원하시는 예수님을 신뢰하는 것이다. 하나님께 용납되는 것은 그분의 완전한 기준을 충족시키는 것에 달려 있지 않다. 어떠한 경우라도 우리가 그것을 얻어내는 것은 불가능하다. 복음이란 신약성경이 반복해서 말하듯, 구원이 하나님의 은혜로 선물로 주어진다는 것이며, 그것으로 인해 하나님께서 우리를 용납하신다는 것이다.

> 너희는 그 은혜에 의하여 믿음으로 말미암아 구원을 받았으니 이것은 너희에게서 난 것이 아니요 하나님의 선물이라. 행위에서 난 것이 아니니 이는 누구든지 자랑하지 못하게 함이라(엡 2:8-9).

다른 모든 은사처럼, 구원은 외부로부터 주어지는 것이다. 우리에게서 저절로 생겨나는 것이 아니다. 구원은 우리의 회개와 관련이 있다. 구원의 문제는 우리가 신중하게, 의지적으로 하나님을 신뢰할 것을 요구한다. 그 논리가 중요하다. 하나님께 반란을 일으켰던 인간의 원죄(창 3장)는 아담과 하와의 신뢰가 부족해서 독립을 움켜쥐려 했던 것과 관련이 있다. 그러므로 모든 인간이 하나님과 바른 관계를 맺기 위해 해야 할 일은 그와 같은 태도를 회개하고, 하나님을 믿고 의지하는 법을 배우는 것이다.

따라서 우리가 구원에 관해 사람들에게 말해 주어야 할 것은 다음과 같다.

회개

구원을 얻으려면 반드시 우리의 마음과 생각이 변해야 한다. 우리가 하나님과 그분의 규율에 반란을 일으킴으로써 하나님께 범죄한 죄인이라는 사실에 직면해야 한다. 우리가 살면서 지은 죄에 대한 하나님의 유죄 판결을 수긍해야 한다. 그런 다음 죄악된 생활방식에서 돌이켜야 한다.

믿음

우리의 죄로 인해 받아야 할 심판을 예수님께서 직접 기꺼이 받으셨다는 사실을 믿어야 한다. 우리 자신의 힘으로는 구원을 얻어내거나 공급할 수 없다. 하나님께 구원이라는 선물을 받아야 하고 구원을 주시는 하나님을 신뢰해야 한다. 그것이 진지한 헌신이다.

어떤 사람들은 만약 구원이 우리의 공로와 무관하다면 아무 생각 없이 살아도 하나님께서 우리를 용납하실 수 있기 때문에 그것이 사실일 리 없다고 주장한다. 그렇지 않다. 그런 태도를 취하는 사람은 회개가 무엇인지 이해하지 못했음을 보여 주는 것이다. 계속 죄를 지으려고 마음먹은 사람에게는 구원이 없다.

앞에서 결혼을 예로 들며 관계가 시작할 때 용납이 발생한다고 말했다. 그리스도와의 관계에서도 마찬가지다. 우리가 회개하고 그분을 신뢰하는 순간 그분께 용납된다. 그때부터 우리는 주님을 기쁘시게 하는 삶을 추구하게 된다. 그분의 용납을 얻어내기 위해서가 아니다. 우리에겐 이미 그것이 주어졌기 때문이다.

만일 그렇지 않다면 구원이 정녕 무엇을 의미하는지 깨우친 적이 없거나 구원을 소중히 여기지 않는다는 것을 보여 준다.

많은 사람이 이 단계에 들어설 준비가 되었을 때, 헌신의 기도로 인도받는 것을 고마워한다. 당신이 그러한 경우라면, 다음 기도문을 사용하길 권한다.

주 예수 그리스도께 저 자신을 드립니다.

지금까지 저의 생각과 말과 행위로 죄를 지어 왔습니다.

저의 죄를 잘 알고, 주님의 용서하심이 필요하다는 것도 잘 알고 있습니다.

진심으로 회개합니다.

저의 그 어떤 행위로도 주님의 용납하심을 얻을 수 없다는 것을 압니다.

주님께서 저를 구원하시기 위해 하늘로부터 오신 것에 감사합니다.

주님께서 저를 대신하여

십자가에서 주님의 생명을 주셨고,

부활하시어 저를 구원하셨습니다.

최선을 다하고 감사의 마음을 담아 주님의 용서와 용납을 구합니다.

제 생명을 주님께 드립니다.

저를 구원하실 분은 오직 주님뿐이심을 믿사오니, 제 삶에 온전히 찾아와 주옵소서.

저의 구원자로 오셔서 저를 깨끗하게 하옵소서.

저의 주님으로 오셔서 저를 다스려 주옵소서.

저의 친구로 오셔서 저와 함께하옵소서.

제 안에 성령님이 거하게 하시고, 저를 주님의 자녀로 삼아 주옵소서.

주 예수 그리스도에 대한 믿음과 온전한 신뢰로 믿음의 발걸음을 내딛습니다.

예수님의 이름으로 기도합니다.

아멘.

이러한 헌신에 반드시 특별한 감정이 동반되어야 하는 것은 아니다. 기독교는 진리이고 예수님은 하나님의 아들이시기에, 우리가 믿으면 영생을 받는다는 그분의 말씀을 의지하면 된다. 즉 이것은 사실의 문제이지 감정의 문제가 아니다.

그래서 어떤 사람들은 처음에 기쁨을 느끼고, 어떤 사람들은 나중에 기쁨을 느낀다.

결혼 관계가 시작되면 그것이 실감나든 실감나지 않든 이미 결혼한 것이다!

너무 바빠서 전도할 수 없다면

우리는 고도의 압박 사회에 살고 있다. 일터에서의 삶은 더욱 그렇다. 많은 사람이 일 때문에 너무 바쁜 나머지 이웃에게 연락을 취하는 것은 고사하고 집안일을 할 에너지까지 소진한 상태로 귀가한다. 여기에 앞에서 언급한 수단으로 복음을 전하라는 도전을 받게 되면 경쟁적인 압박이 더 심화되는 것 같다. 우리에겐 매주 모여서 사람들과 말씀을 나눌 시간이 없을 뿐이고 사람들과 쉽게 친해지는 성향이 없을 뿐인데 말이다.

그러한 어려움을 부인하고 싶지 않다. 그러나 아무것도 하지 않는 것과 무언가를 하는 것에는 큰 차이가 있다.

어떻게 해야 우리가 이토록 '당연한' 무기력을 극복하고 복음전도에 동참할 수 있을까?

아마도 이 책을 읽는 당신은 그리스도인일 것이다. 그러므로 스스로에게 물어야 할 첫 번째 질문은 '내가 어떻게 신자가 되었는가?'이다. 대부분의 사람들에게 이 질문의 답은 뻔하다. "친구의 전도를 통해서"이다. 달리 말하면 누군가가 수고한 덕분이다. 그들은 시간을 들여서 당신에게 복음을 전했고, 그 결과 당신은 새로운 영적 생명을 받았다. 뿐만 아니라 그 사람은 당신에게 주 예수님도 그러한 수고를 감당하셨다고 말해 주었다. 예수님은 인간의 모양으로 이 땅에 오셔서 사람들 속에서 수고하셨다. 그리고 고생하시며 당신의 죄를 위해 십자가에서 죽으셨다. 당신을 사랑하셨기 때문이다. 결과적으로 당신은 수고를 감당했던 사람들에게 영원히 빚을 진 셈이다.

그런데도 당신이 "나는 예수님을 전하는 수고를 감당할 수 없어."라고 말하는 게 좀 이상하지 않은가?

솔직히 말하면 그것은 '그리스도인이 되는 것이 무엇이라고 생각하는가?'라는 심각한 질문을 야기한다. 그리스도인이 된다는 것은 예수님을 주님으로 따르는 자가 된다는 뜻이다. 또한 그분이 말씀하신 대로 순종할 준비가 되어 있다는 뜻이기도 하다. 그중 하나가 온 세상에 당신에게 나누어진 메시지를 전하는 것이다.

가장 중요한 것은 참여하는 것이다.

작게 시작해서 주님이 당신의 삶을 어떻게 확장해 가시

는지 지켜보라. 그러면 복음전도가 수고롭게 느껴지기보다 기회가 있을 때마다 예수님께서 당신의 삶에서 일하시는 것을 보고 싶어질 것이다.

그리스도인으로 성장하도록 격려하기

우리의 복음전도로 그리스도를 믿게 된 사람들이 영생을 얻은 것으로 인해 우리는 그들과 함께 기뻐할 수 있다(요 3:16). 그들은 하나님의 자녀가 되었다(요 1:12-13). 하지만 모든 신생아가 그렇듯, 그들도 성장하려면 먹어야 한다.

이 말은 그들이 (이미 그렇게 하고 있지 않다면) 스스로 성경을 읽기 시작해야 한다는 뜻이다. 그들에게 복음을 전한 당신이 그들을 만나서 함께 성경을 읽는다면 더할 나위 없이 좋다(당신은 그 일이 얼마나 보람 있는지 알게 될 것이다). 그 시간은 당신이 그들에게 성경을 읽는 데 도움을 주는 여러 자료를 소개할 기회도 될 것이다.

중요한 것은 그들은 이미 하나님의 자녀이기 때문에 다른 그리스도인들을 만나 서로 격려를 주고받게 해야 한다는 것이다(히 10:24-25). 그러므로 성경의 가르침을 따르는 좋은 교회를 찾도록 도와야 한다. 성경공부 모임에 참여하도록 격려하는 것도 유익하다. 거기에서 그들은 좀 더 친밀한 이야기를 나눌 수 있는 따뜻한 친구들을 발견할 것이고, 그들과 교제하며 성경에 대해 이야기하고 기도할 것이다. 그들이 교회에서 만난 신자와 결혼하게 될 수도 있다. 그렇게 된다면 배우자와 함께 성경을 읽고 기도하는 것을 포함하여 그들의 신앙이 결혼의 중심이 되게 해야 한다. 맞벌이 부부를 비롯한 많은 부부가 시간 절약을 위해 성경 묵상을 돕는 정기 간행물을 활용한다.

이와 같이 새신자가 스스로 신앙생활을 해 나갈 수 있도록 준비시키는 것은 매우 중요하다. 새로운 삶으로 하나님을 기쁘시게 하려는 그들의 헌신에도 불구하고 누구나 죄를 짓게 되기 때문이다. 이 땅에서는 아무도 완벽하지 않다. 우리는 조금씩 자라 가는 중이다. 때로는 계속되는 변화의 과정을 마주하는 것이 불편할 수 있다. 일단 영생을 얻으면 심판에 이르지 않는다는 것을 그들에게 확실히 알려 주라(요 5:24). 이후에 죄를 짓는 것이 우리가 얻은 구원을 잃고 하나님께 버림받는다는 것을 의미하지는 않는다. 그리스도께서 이미 우리를 위해 행하신 일 때문에 우리가 용서를 받는다는 것이 하나님의 약속이다(요일 1:5-10). 그럼에도 우리는 하나님 앞에서 정직하게 우리 죄를 자백해야 한다(요일 1:9). 성경은 이에 대한 많은 예를 제공한다. 다윗 왕의 참회의 기도가 담긴 시편 51편이 그중 하나다.

새신자들을 위해 기억해야 할 또 다른 중요한 점은 그들이 그리스도의 성품을 닮아 가야 한다는 것이다. 하나님은 그분의 자녀에게 그렇게 할 수 있는 모든 자원을 공급하신다. 다만 그 일은 우리의 노력 없이 저절로 되지 않는다(벧후 1:3-15). 그 과정에서 우리가 주님의 말씀대로 행하지 않을 땐, 우리를 너무도 사랑하시는 주님께서 우리를 위해 징계하실 것이다(히 12:6-11).

또한 우리는 이제 막 그리스도인이 된 사람들이 하나님의 선물로 받은 삶의 잠재력을 탐험하고, 자기 자신을 하나님을 추구하는 삶에 맞추기 시작하도록 격려해야 한다. 하나님의 은혜를 얻어내기 위해서가 아니다. 하나님께서는 그들을 이미 용납하셨고, 그들은 선한 일을 위하여 지으심을 받았기 때문이다(엡 2:10). 온갖 종류의 새로운 가능성과 함께 그들은 시간과 돈, 다양한 은사의 청지기가 되는 법을 배우게 된다. 교회에 참여함으로써 다른 이들의 도움을 받아 그들이 그리스도의 나라를 위해 지금 무엇을 할 수 있는지도 발견하게 된다.

우리가 전도한 사람들의 삶에서 일하시는 하나님을 보는 것만큼 가슴 벅찬 일이 없다. 그들이 흑암에서 빛으로, 사망에서 생명으로 옮겨지는 것을 보고, 그들의 회심이 그들의 삶을 통해 진짜였음을 입증해 보이는 것은 그리스도인의 가장 풍요로운 경험 중 하나다.

그것이 바로 당신의 경험이길 바라는 것이 이 작은 책을 마무리하는 나의 기도다.

사명선언문

너희가 흠이 없고 순전하여……세상에서 그들 가운데 빛들로
나타내며 생명의 말씀을 밝혀 _ 빌 2:15-16

1. 생명을 담겠습니다
만드는 책에 주님 주신 생명을 담겠습니다.
그 책으로 복음을 선포하겠습니다.

2. 말씀을 밝히겠습니다
생명의 근본은 말씀입니다.
말씀을 밝혀 성도와 교회의 성장을 돕겠습니다.

3. 빛이 되겠습니다
시대와 영혼의 어두움을 밝혀 주님 앞으로 이끄는
빛이 되는 책을 만들겠습니다.

4. 순전히 행하겠습니다
책을 만들고 전하는 일과 경영하는 일에 부끄러움이 없는
정직함으로 행하겠습니다.

5. 끝까지 전파하겠습니다
모든 사람에게, 땅 끝까지, 주님 오시는 그날까지
복음을 전하는 사명을 다하겠습니다.

서점 안내

광화문점	서울시 종로구 새문안로 69 구세군회관 1층 02)737-2288 / 02)737-4623(F)
강남점	서울시 서초구 신반포로 177 반포쇼핑타운 3동 2층 02)595-1211 / 02)595-3549(F)
구로점	서울시 동작구 시흥대로 602, 3층 302호 02)858-8744 / 02)838-0653(F)
노원점	서울시 노원구 동일로 1366 삼봉빌딩 지하 1층 02)938-7979 / 02)3391-6169(F)
일산점	경기도 고양시 일산서구 중앙로 1391 레이크타운 지하 1층 031)916-8787 / 031)916-8788(F)
의정부점	경기도 의정부시 청사로47번길 12 성산타워 3층 031)845-0600 / 031)852-6930(F)
인터넷서점	www.lifebook.co.kr